대한명인 선명숙의
떡, 꽃으로 피어나다

선영숙 명인님

꽃떡

떡이 떡 같아야지
떡이 꽃 같으니
어찌 먹을 수 있겠나요!
다음부턴 이런 떡
만들지 마세요.
2022. 2. 15
떡을 먹기 민망하여
나태주

대한명인 선명숙의
떡, 꽃으로 피어나다

선명숙 지음

아드북

떡을 나누는 것은 정을 나누는 것…

꽃은 늘 사람을 설레게 합니다. 아름다운 꽃을 보면 시인은 글을 쓰고 싶어하고, 사진가는 앵글에 담아 사람들의 가슴에 아름다움의 씨를 뿌리고 싶어합니다. 어느 순간 나에게도 꽃을 보면 그 아름다운 형태와 숨어있는 의미까지도 떡으로 표현해보고 싶은 마음이 생겼습니다.

우리 떡의 효와 예가 들어있는 정신적인 면과 순수한 마음을 중심으로 서양케이크의 형태적 화려함을 양념삼아 새로운 전통을 만들어보고 싶은 호기로운 마음이 생겼습니다. 생각이 정수리에 꽂히니 보이는 꽃들이 떡으로 만든 꽃으로 다시 피어났습니다.

떡, 꽃으로 피어나다

　우리 전통적 현대 계승이라는 사명감이랄까요?
　많은 시행착오를 거치면서 탄생한 떡케이크가 먼훗날 세월이 흘러 현시대의 전통으로 자리매김하기를 바라는 간절한 마음과 혼을 떡에 담았습니다.

　떡을 나누는 것은 정情을 나누는 것입니다. 요즈음 과학이 못하는 게 없는 세상에 우리는 살고 있지만 마음으로 나눌 수 있는 정은 과학으로 해결할 수는 없다고 생각합니다.

　세계 어디에서도 찾아보기 어려운 정의 문화가 점점 사라져가는 것이 아쉬워 떡 한쪽이라도 나누면서 정이 새록새록 돋아나기를 바라는 마음을 담았습니다. 그 마음이 오롯이 전달되기를 바라며 꽃떡케이크를 드신 분들의 마음도 꽃처럼 활짝 피어나기를 소망합니다.

2022. 3. 선 명 숙

떡을 나누는 것은 정을 나누는 것 4

교황님 송편 10
수덕사 7미터 축하 떡 12
산딸나무 피어있는 언덕에 14
영예로운 삶에 어울리는 무궁화 16
낮에 나온 별무리 18
매혹—분홍 튜울립 20
아이비, 다섯 잎의 초록이 눈부셔 22
모란, 찬란한 당신을 기억해 24
달밤에 산벚꽃 26
초록 꽃 28
시계꽃 30
카라를 닮은 당신을 만나던 날 32
바람을 닮은 꽃 34
수련이 가슴 속에서 피어난 날 36
내 마음에 불 밝힌 그대, 별꽃같이 38
우아하게 정숙하게, 태산목 꽃 40
복을 부르는 노란 꽃, 쥴리엣 로즈 42
담장에 흐드러진 개나리 44
노란아기별꽃 46

떡, 꽃으로 피어나다

수선화의 합창소리　48
꽃 시계　50
해바라기 피어있는 길　52
풍요로운 황금빛 다알리아　54
숲속 마을　56
해맑은 얼굴들　58
청초한 그대—도라지꽃　60
감사한 마음 담아내는 카네이션　62
연분홍빛 수줍은 얼굴, 부용화　64
고향집 마당에 핀 연자줏빛 국화　66
복사꽃 흩날리던 날　68
두런두런 이야기 꽃　70
분홍빛 속삭임, 작약　72
사랑의 또 다른 이름, 아네모네　74
분홍 넝쿨장미　76
연인끼리 주고 받는 꽃, 시네라리아　78
소담스런 이야기꽃　80
그대만의 꽃　82
사랑 가득 정겨운 인사, 앵초　84
볼이 붉어지네, 동백꽃　86
성탄의 기쁨, 포인세티아　88

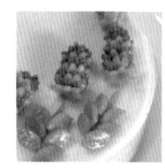

꽃분홍의 설레임 90
제비꽃이 속삭이다 92
백百 94
청초한 보라색 붓꽃 96
너의 이름은 라넌큘러스 98
보랏빛 설레임 100
보랏빛 그리움, 라벤더 102
기쁨 가득 수국, 수국 104
입술꽃떡 106
보랏빛 꽃너울 107
축복의 날 108

가을의 소소한 행복 110
그윽한 시간—사색 111
그윽한 시간—셋이서 112
감나무 그림자 있는 뒷뜰에서 113

떡 만드는 사람의 소소한 이야기 114

대한명인 선명숙의
떡, 꽃으로 피어나다

교황님 송편

누군가를 위해 온갖 정성을
들이는 시간이야말로
내게 다가온 환희의 시간.

2014년 프란치스코 교황님이 내한
했을 때 최고의 예를 갖추고
공경의 마음을 담아 정성껏 올렸던 송편

어머니의 품속 같은 포근함
덤으로 챙겨주는 넉넉한 사랑을
느끼시도록…

맛은 혀로만 느끼는 것이 아니라
오감으로 느끼는 예술이기에.

떡, 꽃으로 피어나다.

수덕사 7미터 축하 떡

수덕사 대웅전이 만들어진 지 어느덧 700년

그 세월을 기념하기 위해 만들었던 7미터 축하 떡
그 위에 연꽃 떡 700송이가 피어올랐습니다.

나눔의 끝에 떡이 있듯이,
수천 명의 사람들과 소망을 나누며

각자 염원하는 모든 것들이
하늘에 닿기를 바라는 마음으로
수행하듯 한잎 한잎 담기는 정성

떡, 꽃으로 피어나다

산딸나무 피어있는 언덕에

사월 어느 날 산딸나무 가득 피어
눈부신 날, 언덕길을 하염없이
걷고 싶은 날…

산딸나무 꽃 한아름 당신께
안겨드리고 싶어요.

떡, 꽃으로 피어나다.

영예로운 삶에 어울리는 무궁화

부활에는 눈물이 묻어있다.
깊은 역사, 침묵의 강

영예로운 당신의 삶에
어울리는 무궁화,

기원의 꽃잎 열리네

 낮에 나온 별무리

어찌 이리도 곱답니까
천지가 꽃입니다.
우리도 세상을 아름답게 수놓는
꽃처럼 살아볼까요?

세상이 한결
아름다워질 거예요.

매혹—분홍 튜울립

1

어쩌면 이리도 곱디고울까
연분홍 입술 다소곳이 다물고선
새초롬히 우아하게…

2

겨우 내내 알뿌리 속에
침묵하고 잠들어 있다가
싹을 틔우고
곱게 몸단장하여
가장 고운 옷으로 갈아입고
뉘 뜰에 이렇게 우아하고 새초롬히 나타난 것이냐!

너를 눈에 담고 누운 밤
신열身熱이 나는구나

아이비, 다섯 잎의 초록이 눈부셔

아이비,
초록 초록 생기 넘치는
싱그러운 다섯 잎새,
녹색 별이 뜰 안 가득

떡, 꽃으로 피어나다

모란, 찬란한 당신을 기억해

참으로 고운 그대
찬란한 빛을 품은
노란 빛을 머금고 다소곳이
거기에…

떡, 꽃으로 피어나다.

달밤에 산벚꽃

동네 뒷산에서 우연히 만난 산벚꽃
꾸밈 없지만 그윽하지.

분분히 흩날리는 꽃잎을 보노라면
그만 정신이 아찔해지지.

그것도 밤에 달빛 아래에서 본다면
정말 혼미해질거야.

초록 꽃

너를 입안에 쏘옥 넣으면
풀~풀
풀밭의 향이 가득 차오를 것만 같아

바구니에 가득 담아
사랑하는 이와
푸르디 푸른 풀밭에 나가

그대의 얼굴에 떨어지는 햇살을 보며
환하게 웃고 싶어
그렇게 풀밭에서~

시계꽃

그리움의 봄이 되면
겨울에 흔적도 없이 있다가
달비구름에서 나오듯이
행운 안고
세상에 나온 클로버,
눈이 부신
그 행운을 그대에게

카라를 닮은 당신을 만나던 날

카라를 닮은 당신을
만났던 가슴 뛰던 날,
그 날을 기억하고 싶습니다.

떡, 꽃으로 피어나다

바람을 닮은 꽃

싱그러운 기운 가득한,
연둣빛 바람개비 같은 너를
차곡차곡 바구니에 넣어
들판에 나가 풀잎에 스치는
바람을 느끼며
하염없이 걷고 싶어

수련이 가슴 속에서 피어난 날

호숫가에 나가 여름 내내 바라보던 수련
오늘은 당신이 나의 가슴 속에 들어왔군요.
등불처럼…

내 마음에 불 밝힌 그대, 별꽃같이

전에는 잘 안보였는데,
어느덧 별이 되어
내 마음에 불 밝혔다오.
당신처럼…

떡, 꽃으로 피어나다.

우아하게 정숙하게, 태산목 꽃

우아하기 이를 데 없어요.
은은한 노란 꽃잎에
보라색 수술을 머금고는
고요하게, 정숙하게…

떡, 꽃으로 피어나다.

복을 부르는 노란 꽃, 쥴리엣 로즈

사랑하는 사람에게
정말 아름다운 사람에게
내밀고 싶은 꽃

나의 마음을 속잎에
연주황으로 곱게 물들이고
연녹빛 덩굴에 감아내어

행운을 빌며…
그대에게

떡, 꽃으로 피어나다.

담장에 흐드러진 개나리

봄, 봄
노란 병아리, 알을 깨고 나온 듯

오물조물 노란 부리로
무얼 쪼아먹으려나

뉘집 담장을 풍요롭게
수놓는 개나리

따뜻한 온기가
온몸에 스며드는
흐뭇한 봄

우리의 마음도
햇살 가득한 너를 닮아
넉넉하고 따뜻해졌으면
…

떡, 꽃으로 피어나다.

노란아기별꽃

어느 날 노란아기별꽃이 밭에 떨어졌나봐요.
아니면 개나리꽃이 봄바람을 타고
잔디밭에 내려 앉았나요?

대지엔 여리지만 따뜻한 기운이 가득합니다.
미소와 기쁨이 차오르는 날이네요.

수선화의 합창소리

앞 다투어 피어난
수선화의 합창소리
뜰에 가득하던 날

문득 마음은
추사秋史의 뜰에 가 있네.

꽃 시계

산다는 것은 꽃 소식을 듣는 일…
사계절 어김없이 피고 지는 질서
꽃이 시계를 품고 있나요?

아침을 깨우는 당신의 시계가 되고 싶네요.

떡, 꽃으로 피어나다

해바라기 피어있는 길

마을 길 초입에
해바라기 가득 피어
오는 이 가는 이를 반겨줍니다.
노오란 그대 얼굴
웃음이 가득하군요.
나도 웃음지어요.

풍요로운 황금빛 다알리아

오늘같이 기쁘고 행복한 날
풍요로움이 깃든
두근두근 노오란 빛
님에게 봉합니다.

떡, 꽃으로 피어나다.

숲속 마을

숲속 마을에 하얀 꽃이 올망졸망
사랑스럽고 어여쁜 아가들의
모습이 겹치네요.
어찌나 소중하던지요…

해맑은 얼굴들

계곡물에 분분히 떠내려가는
푸른 잎 하얀 꽃

달랑달랑 종소리 울리며
땅을 보며 피는 꽃

코끝을 스치는
아찔한 너의 향기

들킬까 두근두근
첫사랑의 눈부신 연서 戀書

떡, 꽃으로 피어나다.

청초한 그대 — 도라지꽃

너의 다른 이름은 별꽃
아니, 꽃별

별 닮은 청초한 너와 눈을 맞추면
가슴이 두근두근, 설레이지
눈을 뗄 수가 없어
가려다 또 눈을 맞춘다네

감사한 마음 담아내는 카네이션

어떤 꽃으로, 어떤 빛으로
담아내어야 할까요?

떡, 꽃으로 피어나다.

연분홍빛 수줍은 얼굴, 부용화

시원한 소낙비를 맞으면
더 한층 맑아지고 고와지는
연분홍빛 수줍은 얼굴
그대의 이름은 정숙한 여인, 부용화

섬세한 아름다움을 지니고
은근한 매혹의 자태로
"행운은 반드시 온다."라며 우리에게 속삭이는 꽃
그대를 거부할 수 없다네.

떡, 꽃으로 피어나다.

고향집 마당에 핀
연자줏빛 국화

어느덧 가을~
고향집 마당에
가을을 품고 피어난
연자줏빛 국화

서리도 마다 않고
뜰을 지키네.

이제는 그대의 정원에서
향기를 뿜고 싶네요.

떡, 꽃으로 피어나다.

복사꽃 흩날리던 날

흐드러진 복사꽃

분분히

흩
날
리
네.

길을 잃는 내 마음

떡, 꽃으로 피어나다

두런두런 이야기 꽃

밤새 이야기 나누고파
두런두런 이야기 꽃 피우며
정 나누며
밤을 물들이고 싶어

밤새 나눈 이야기꽃
소복히 쌓였다네
장독대에 눈 쌓이듯
情도 수북히…

분홍빛 속삭임, 작약

오늘은 분홍빛 꽃으로 그대를
물들이고 싶습니다.

사랑의 또 다른 이름, 아네모네

청년 아도니스의 죽음을 슬퍼한
아프로디테의 눈물로 피어난 꽃

오! 속절없는 사랑이여,
사랑의 아픔이여!

순수한 청년의 큰 눈망울과
아리따운 속눈썹을,

그 매혹의 눈빛을 피할 수 없었다네

떡, 꽃으로 피어나다.

분홍 넝쿨장미

담장을 수놓는
분홍 넝쿨장미

당신의 마음에
이렇게 피어오르고 싶은 날

떡, 꽃으로 피어나다

연인끼리 주고 받는 꽃, 시네라리아

연인끼리 주고받는 꽃이라 했던가요?
항상 기쁨으로 빛나고
우아한 모습 간직하시길.
당신을 만난 기쁨을 무엇으로 표현할까요?
사랑합니다. 그대를… ♡♥

소담스런 이야기꽃

정다운 사람들과
소담스러운 이야기 꽃을 피우며
행복함을 누리고픈 날
마음에 추억의 꽃 수를 놓듯이…

떡, 꽃으로 피어나다.

그대만의 꽃

그대만의 꽃을 피우시라

사랑으로 온 힘을 다하여
피워 올린 꽃

대지의 웃음이고
한 생명의 절정이며 환희이니

부디, 그대만의 꽃을 피우시라

떡, 꽃으로 피어나다

사랑 가득 정겨운 인사, 앵초

사랑의 마음 담아
듬뿍
주고
싶은 날,
당신과 속삭이며
하루를 보내고 싶은 날에

이렇게 고운 떡에 마음을 담아
차와 함께…

떡, 꽃으로 피어나다.

볼이 붉어지네, 동백꽃

왜 이리 내 마음이 이렇게 뜨거울까?
당신을 향한 마음

변함없는 사랑
영원히 간직하기로 해요.

떡, 꽃으로 피어나다.

성탄의 기쁨, 포인세티아

아기 예수 탄생하신 날
사랑으로
낮은 곳, 그늘진 곳에
햇살 가득한 세상 꿈꾸어요

신록의 잎사귀에
연지곤지 찍어놓고
마음의 꽃을 피워요

꽃분홍의 설레임

분홍 꽃보다 조금 더 진한
꽃분홍…

전에는 맥없이 설레더니
당신을 향해 한 발짝 더 다가간 날

떡, 꽃으로 피어나다.

제비꽃이 속삭이다

이 정겨운 언어를
알아들을 수 있는 당신이
아름답습니다.

제비꽃이 속삭이는 것을…

백百

태어난 지 백일이에요.
축하해요.

만난 지 백일인가요?
사랑해요.

옥돌처럼 고운 자리
꽃 잔치 차려놓고

세상이 떠나갈 듯
웃음꽃이 피어요.

떡, 꽃으로 피어나다

청초한 보라색 붓꽃

시냇가에 무심히 피어있는
청초한 붓꽃
그것도 보랏빛

너의 언어에 귀 기울이고 싶다.
사월엔…

너의 이름은 라넌큘러스

이국적인 소녀의 이름 라넌큘러스~

소박한 듯하면서 우아해.
그 어떤 꽃보다도.

너를 부를 땐
입안에 우아한 리듬이 가득하지.

그리고 나도
조금은 더 우아해지고 싶어.

떡, 꽃으로 피어나다.

보랏빛 설레임

보랏빛은 늘 설레여요.

녹색 진주를 머금고
노란 머플러로 살짝 감싸고는
보라색 코트로 한껏 멋을 내어
어디로든 가보아요.

아니, 벌써 그대의 문앞에 서 있네요.

똑똑…

보랏빛 그리움, 라벤더

오늘은
그대가 더욱 그립군요.

보랏빛은
그리움의 색인가요?

알알이 깃든
그.리.움.

떡, 꽃으로 피어나다.

기쁨 가득 수국, 수국

수국이 마당 한 가득 피어난 날
이렇게 기쁜 날이 또 있을까

한 송이만 유리병에 꽂아두어도
마음은 기쁨으로 한 가득~

떡, 꽃으로 피어나다.

입술꽃떡

오늘은
너에게
정말

입
맞
춤
하고 싶다.

떡, 꽃으로 피어나다.

보랏빛 꽃너울

꽃잎이 바람 타고 흩날리네
너울너울
작은 나비떼 되어 날아가네
나풀나풀

음악이 되고
그림이 되고
시가 되어…

축복의 날

흔들리는 세월에도
소망은 벙그나니

정성으로 빚어낸
빛나는 꽃송이

고귀한 은대銀臺에 올리니
꽃도 되고 새도 되네

떡, 꽃으로 피어나다

가을의 소소한 행복

떡, 꽃으로 피어나다.

그윽한 시간 —사색

홀로
고요히
시간을 음미하고
삶을 되돌아보면서

남천 한 잎
차에 띄우는
멈춤이 필요한 시간

그윽한 시간—셋이서

대숲에 앉아
댓잎 깔아놓고
떡에 꽃을 수놓아
벗님들과 두런두런
이야기 꽃 피고지고

떡, 꽃으로 피어나다.

감나무 그림자 있는 뒷뜰에서

삶의 품격은 어디서 오는 것일까?
삶의 여유는 어떻게 누려야 하는 것일까?

잠시 멈추어 바라본다는 것은 어떤 의미가 있는 걸까?
격조 있는 삶을 만들려면 어떻게 해야 할까?

한가한 시간을 누리며 생각을 다듬어 봄직한 일이다.

떡 만드는 사람의 소소한 이야기

떡을 나누는 행복

떡은 손의 언어이자 마음의 꽃입니다.

다산 정양용 선생은 복을 '열복熱福'과 '청복淸福'으로 나누셨는데, '열복'은 세상이 말하는 출세, 높은 지위에 올라 부귀를 누리는 것을 일컫고, '청복'은 자연의 아름다움을 느낄 줄 아는 것이다.

'나눔'을 하면서 느끼는 행복은 '청복'이라 할 수 있을텐데 저의 '떡의 나눔은' '청복'이라 말할 수 있겠지요.

떡, 꽃으로 피어나다.

수행하는 마음으로…

떡은 저를 수행시키는 매개체입니다.
흰 쌀가루를 손으로 비벼 만질 때마다
드실 분들의 몸 건강과 마음 건강을
기원하면서 만들어내기에 마음을 닦는 수행이기도 합니다.

떡 케익을 만들다

"예전에 어느 지인의 아기 돌잔치에 갔는데
한가운데 서양 케이크가 놓인 것을 보고
양복 윗도리에 한복바지를 입은 듯 어색하게
느껴졌습니다.

우리의 떡으로도
서양의 케이크보다
아름답게 해보리라는
당찬 꿈을 가지고,

그때부터 떡 케이크를 연구하게 되었습니다.
축하 떡을 그때부터 만들게 되었지요."

떡, 꽃으로 피어나다

떡은 덕에서 유래되었다는 설이 있다.
'덕은 곧 나눔'
떡은 나눔 문화의 중심이 아닐까?

떡, 꽃으로 피어나다 ⓒ선명숙

지은이 선명숙
시(詩) 나현숙
사 진 김다영
도 움 인지선

펴낸날 2020년 3월 30일
펴낸이 이영옥
펴낸곳 도서출판 이든북
등록번호 제2001-000003호
전 화 042 · 222 · 2536
팩 스 042 · 222 · 2530
이메일 eden-book@daum.net
주 소 (34625) 대전광역시 동구 중앙로193번길 73

ISBN 979-11-6701-133-6
값 15,000원

* 이 책 내용과 사진 전부 또는 일부를 재사용하려면 반드시 저작권자와
  이든북 양측의 동의를 받아야 합니다.
* 무단 전재 및 복사 배포를 금합니다.
* 잘못된 책은 바꾸어드립니다.